T0072241

La energía del Sol

Louis Capra

¿Qué ayuda a que las plantas crezcan?

2

5

¿Qué hace que se derrita el hielo?

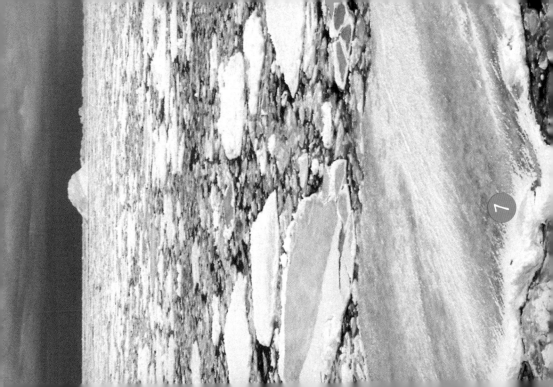

¡La energía del Sol!

El calor del Sol hace que el hielo se derrita.

8

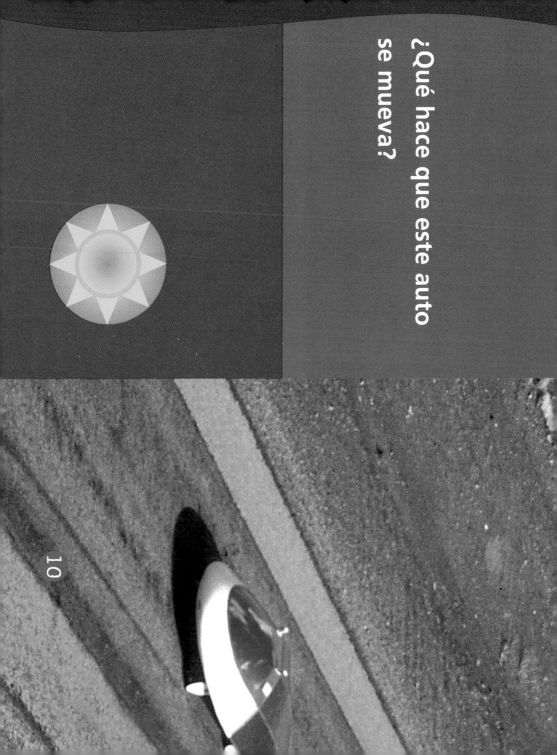

¿Qué hace que este auto se mueva?

10

¿Qué calienta estas casas?

14

¡La energía del Sol!

Los paneles en el tejado usan la luz del Sol para calentar las casas.

16

¿Qué hace que la ropa se seque?

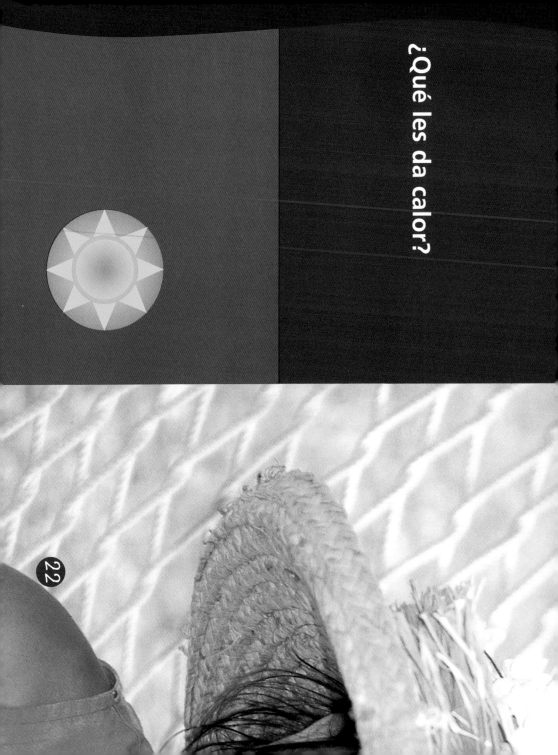

¿Qué les da calor?

22

¡La energía
del Sol!

23